Impressum
Verlag: BABADADA GmbH, Nedderfeld 112 , 22529 Hamburg
Geschäftsführer / Verlagsleitung: Harald Hof
Druck: Books on Demand GmbH, In de Tarpen 42, 22848 Norderstedt

Imprint
Publisher: BABADADA GmbH, Nedderfeld 112 , 22529 Hamburg, Germany
Managing Director / Publishing direction: Harald Hof
Print: Books on Demand GmbH, In de Tarpen 42, 22848 Norderstedt

škola

σχολείο

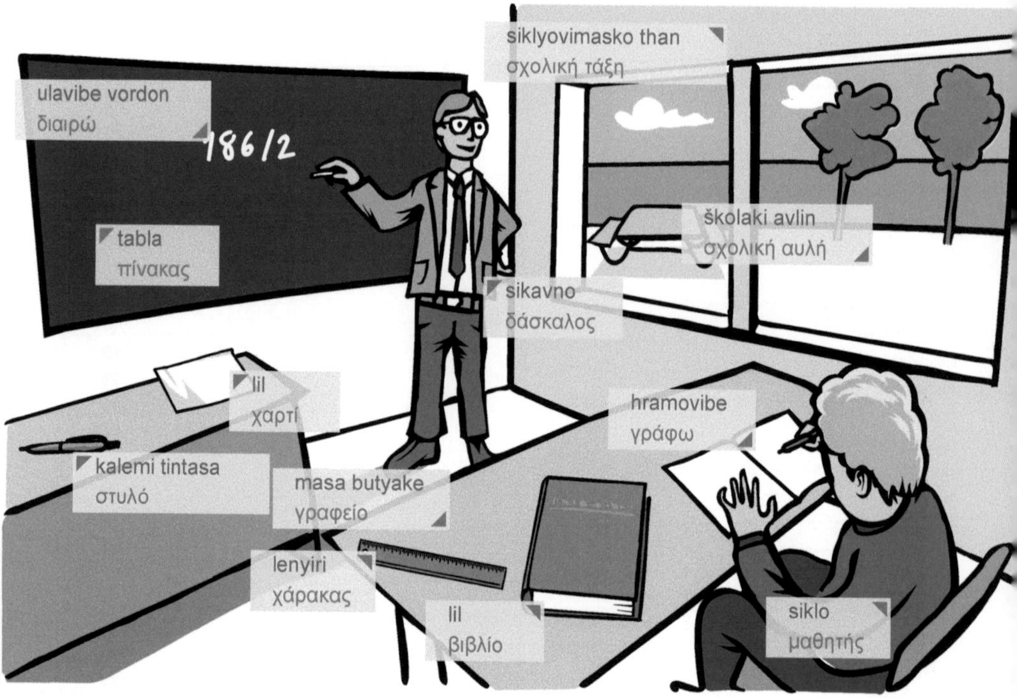

siklyovimasko than
σχολική τάξη
ulavibe vordon
διαιρώ
186/2
tabla
πίνακας
školaki avlin
σχολική αυλή
sikavno
δάσκαλος
lil
χαρτί
hramovibe
γράφω
kalemi tintasa
στυλό
masa butyake
γραφείο
lenyiri
χάρακας
lil
βιβλίο
siklo
μαθητής

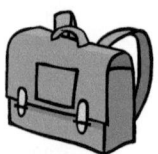

dumeski tašna

σχολική τσάντα

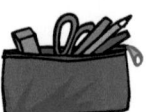

kalemengi kutia

κασετίνα/ μολυβοθήκη

kalemi

μολύβι

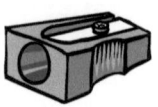

kalemengi čhurori

ξύστρα

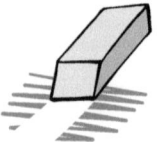

kosimaski guma

γόμα

čitrimasko bloko

μπλοκ ζωγραφικής

čitribe
ζωγραφική

boyimaski frča
πινέλο

boyimaski kutia
κουτί χρωμάτων

kata
ψαλίδι

lepako
κόλλα

bukjardarimasko lil
τετράδιο ασκήσεων

khereski buti
εργασία για το σπίτι

12

gendo
αριθμός

2+2

džide
προσθέτω

5-2

ikal
αφαιρώ

2x2

multiplicirin
πολλαπλασιάζω

kalkulirin
υπολογίζω

A

hramome lil
γράμμα

ABCDEFG
HIJKLMN
OPQRSTU
VWXYZ

alfabeta
αλφάβητο

hello

lafo
λέξη

teksti

κείμενο

drabaribe

διαβάζω

kreda

κιμωλία

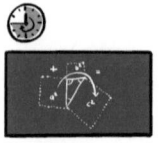

lekciya

μάθημα

Klasesko registro

εγγράφομαι

egzameni

τεστ

sertifikato

πιστοποιητικό

školaki uniforma

μαθητική στολή

edukacia

εκπαίδευση

enciklopedia

εγκυκλοπαίδεια

univerziteto

πανεπιστήμιο

mikroskopo

μικροσκόπιο

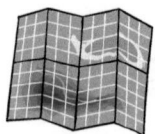

mapa

χάρτης

korpa čhudimaske lila

καλάθι αχρήστων

dromaripe
ταξίδι

Grand
hoteli
ξενοδοχείο
Lačhi blevel!
ξενώνας
biro baši devize
ανταλλακτήρια συναλλάγματος
EXCHANGE
koferi
βαλίτσα
vordon
αυτοκίνητο

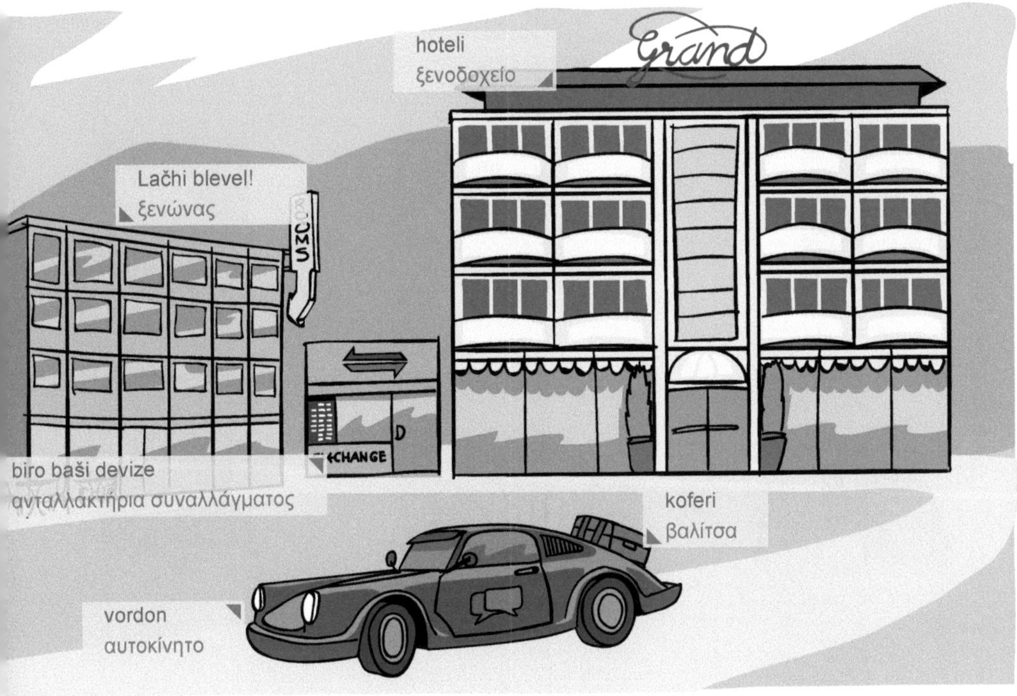

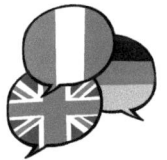

ćhib

γλώσσα

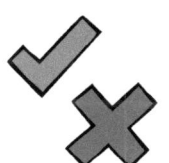

va / na

ναι / όχι

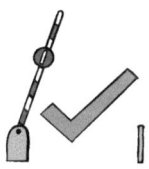

Okay

εντάξει

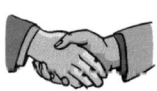

Namaste

γεια σου

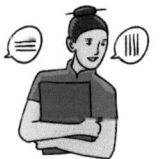

tumači

μεταφραστής

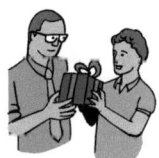

Ov sasto

Ευχαριστώ

Kozom si...?
πόσο κάνει ;

Na havava
Δε καταλαβαίνω

problemo
πρόβλημα

Lačhi rat!
Καλησπέρα!

Lačhi javin!
Καλημέρα!

Lačhi rat!
Καληνύχτα!

ačhon Devlesa
Αντίο

dromeski sikavin
κατεύθυνση

bagaži
αποσκευές

gono
τσάντα

dumesko gono
σακίδιο πλάτης

misafiri
καλεσμένος

kamara
δωμάτιο

sovimasko gono
υπνόσακος

cerha
σκηνή

dromaripe - ταξίδι

turistikani informacia

ουριστικές πληροφορίες

plaža

παραλία

kreditno kartica

πιστωτική κάρτα

javinako habe

πρωινό

kušluko

μεσημεριανό

ratyako habe

δείπνο

karta

εισιτήριο

elevatori

ανελκυστήρας

marka

γραμματόσημο

simantra

σύνορα

adetia

τελωνείο

ambasada

πρεσβεία

viza

βίζα

pašaportl

διαβατήριο

transporti

μεταφορά

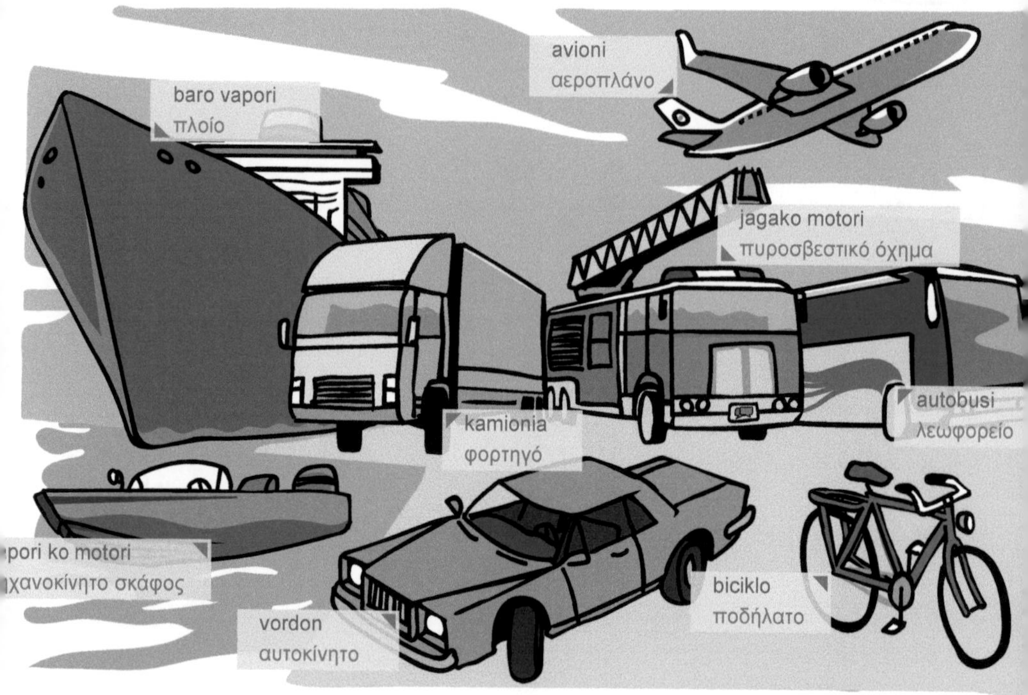

avioni
αεροπλάνο
baro vapori
πλοίο
jagako motori
πυροσβεστικό όχημα
autobusi
λεωφορείο
kamionia
φορτηγό
pori ko motori
χανοκίνητο σκάφος
biciklo
ποδήλατο
vordon
αυτοκίνητο

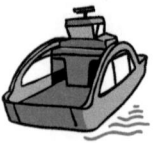

feri vapori

φεριμπότ

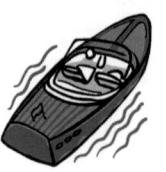

vapori

βάρκα

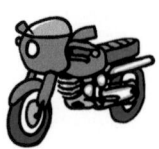

motorciklo

μοτοσικλέτα

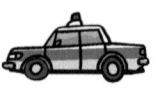

policiako vordon

περιπολικό

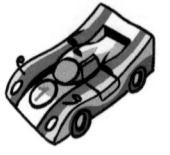

prastamasko vordon

αγωνιστικό αυτοκίνητο

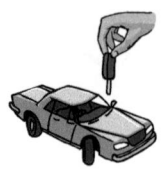

rentakar

ενοικιαζόμενο αυτοκίνητο

ulavibe vordon

αμοιρασμός αυτοκινήτων

rumosardo kamioni

γερανός

kamionengo than

απορριμματοφόρο

motori

κινητήρας

petroli

καύσιμο

petrolesko stasioni

βενζινάδικο

trafikoskere išaretia

πινακίδα σήμανσης

trafiko

κυκλοφορία

baro trafiko

κυκλοφοριακή συμφόρηση

ordonesko parkirimasko
than

χώρος στάθμευσης

pampurengo stasioni

σιδηροδρομικός σταθμός

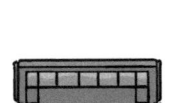

kamionia

σιδηροδρομικές γραμμές

pampuri

τρένο

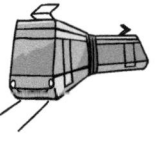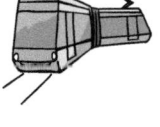

tramvaj

τραμ

vagoni

βαγόνι

helikopteri

ελικόπτερο

aeroporti

αεροδρόμιο

kula

πύργος

dromarutno

επιβάτης

kontejneri

εμπορευματοκιβώτιο

kartoni

χαρτοκιβώτιο

vordonoro

καρότσι

sevli

καλάθι

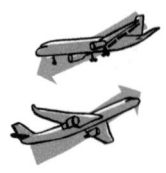

urjalipasko starto /
urjalipasko agor

απογειώνομαι /
προσγειόνομαι

diz

πόλη

gav

χωριό

dizyako centro

κέντρο της πόλης

kher

σπίτι

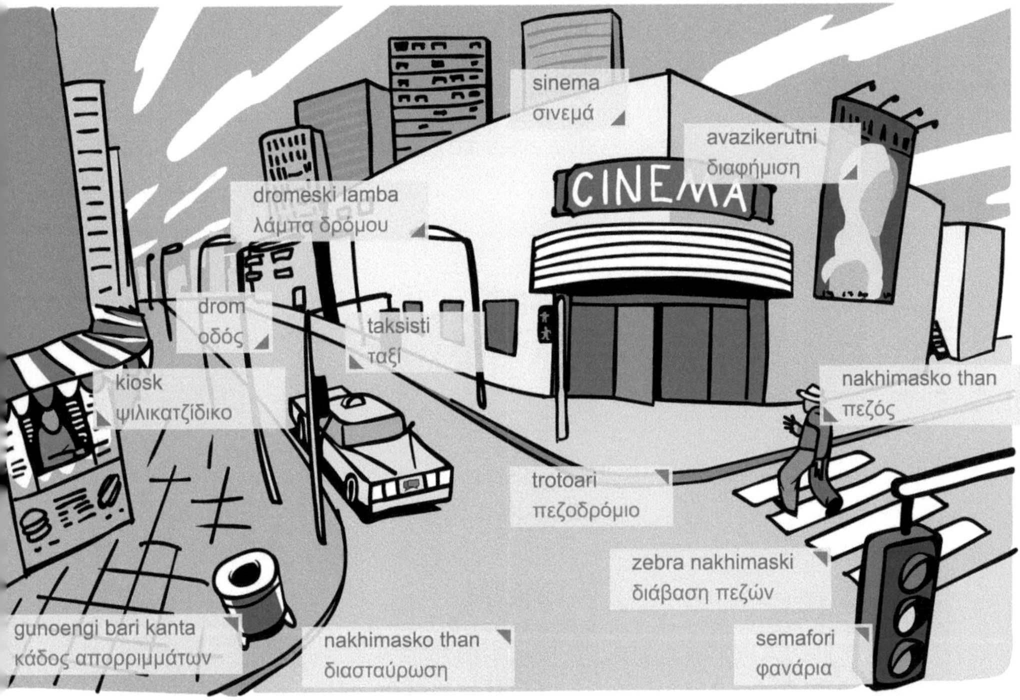

sinema
σινεμά

avazikerutni
διαφήμιση

dromeski lamba
λάμπα δρόμου

drom
οδός

taksisti
ταξί

nakhimasko than
πεζός

kiosk
ψιλικατζίδικο

trotoari
πεζοδρόμιο

zebra nakhimaski
διάβαση πεζών

gunoengi bari kanta
κάδος απορριμμάτων

nakhimasko than
διασταύρωση

semafori
φανάρια

koliba

καλύβα

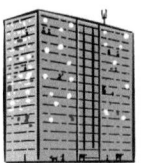

apartmani

διαμέρισμα

pampurengo stasioni

σιδηροδρομικός σταθμός

dizyaki sala

δημαρχείο

muzeji

μουσείο

škola

σχολείο

univerziteto

πανεπιστήμιο

banka

τράπεζα

hospitalo

νοσοκομείο

hoteli

ξενοδοχείο

apoteka

φαρμακείο

ofiso

γραφείο

lil bikinimasko than

βιβλιοπωλείο

dukyano

κατάστημα

lulugengo bikinutno

ανθοπωλείο

supermarket

σούπερ μάρκετ

kurko

αγορά

baro bikinimasko kher

πολυκατάστημα

mačhengo astarutno

ιχθυοπωλείο

kinimasko centro

εμπορικό κέντρο

vaporengo ačhovimasko than

λιμάνι

parko

πάρκο

klupa

παγκάκι

purt

γέφυρα

merdevenya

σκάλες

metro stasioni

μετρό

tuneli

τούνελ

autobuseski adžikerin

στάση λεωφορείου

bar

μπαρ

restorani

εστιατόριο

poštako mohto

γραμματοκιβώτιο

dromesko išareti

πινακίδα δρόμου

parking than

παρκόμετρο

zoo

ζωολογικός κήπος

nangyovimasko bazeni

πισίνα

džamiya

τζαμί

farma

αγρόκτημα

melalipe

ρύπανση

limorengo than

νεκροταφείο

khangeri

εκκλησία

khelimasko than

παιδική χαρά

hramo

ναός

pejzaži

τοπίο

patrin
φύλλο

išareti
πινακίδα κατεύθυνσης

drom
δρόμος

livazin
λιβάδι

bar
πέτρα

phiravno
πεζοπόρος

kašt
δέντρο

len
ποτάμι

čar
χορτάρι

luludi
λουλούδι

harno than
κοιλάδα

bairi
λόφος

devrijal
λίμνη

veš
δάσος

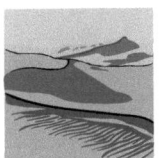

mulano than
έρημος

vulkano
ηφαίστειο

saraji
κάστρο

renkali badalin
ουράνιο τόξο

gaba
μανιτάρι

palma kašt
φοίνικας

sivrija
κουνούπι

mak
μύγα

karandža
μυρμήγκι

birumni
μέλισσα

pauko
αράχνη

pejzaži - τοπίο

buba

σκαθάρι

žamba

βάτραχος

ververica

σκίουρος

kanzauri

σκαντζόχοιρος

šošoj

λαγός

buf

κουκουβάγια

pakšin

πουλί

lebedi

κύκνος

bali

αγριογούρουνο

eleno

ελάφι

eleno

άλκη

pani garavin

φράγμα

bavlalaki turbina

ανεμογεννήτρια

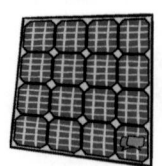

solarno paneli

ηλιακός συλλέκτης

klima

κλίμα

pejzaži - τοπίο

restorani

εστιατόριο

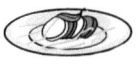

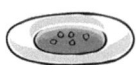

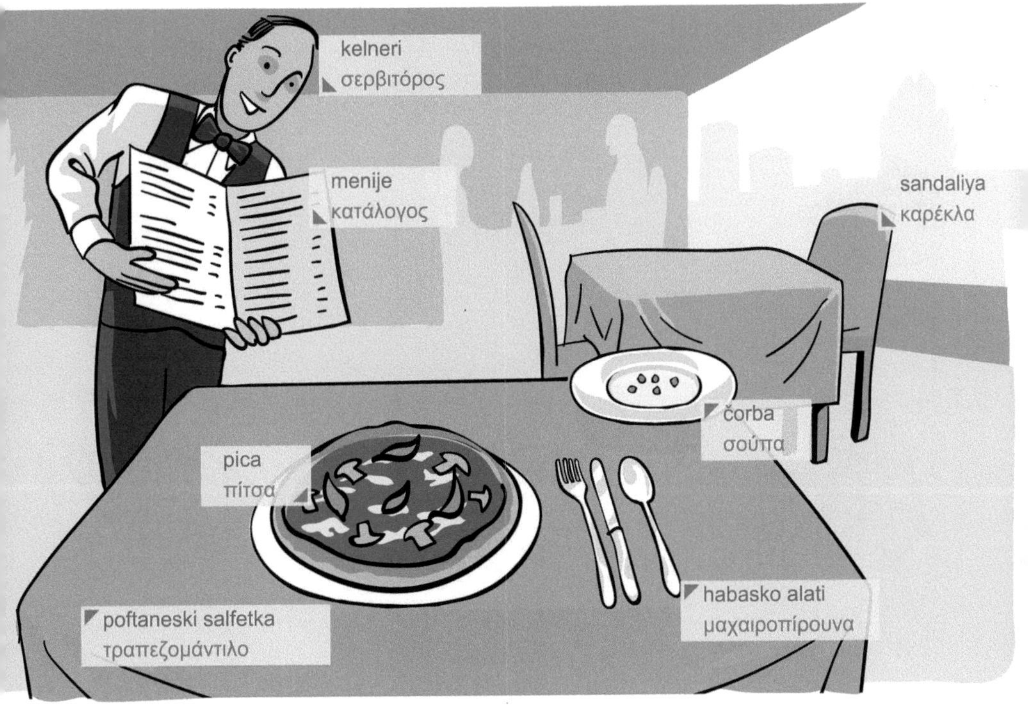
kelneri
σερβιτόρος
menije
κατάλογος
sandaliya
καρέκλα
čorba
σούπα
pica
πίτσα
habasko alati
μαχαιροπίρουνα
poftaneski salfetka
τραπεζομάντιλο

avgo habe

ορεκτικό

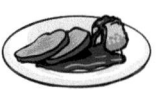

šerutno habe

κύριο πιάτο

gudlimata

επιδόρπιο

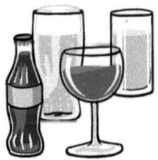

piiba

ποτά

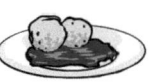

habe

φαγητό

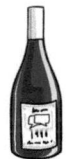

šiša

μπουκάλι

fast food
φαστ φουντ

sokakongo habe
φαγητό στ' όρθιο

čajniko
τσαγιέρα

šekereskoro čaroro
δοχείο ζάχαρης

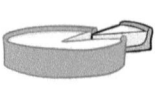

porcia
μερίδα

makina vaš espresso
μηχανή εσπρέσο

uči sandaliya
ψηλή καρέκλα

esapi
λογαριασμός

apladiya
δίσκος

čhuri
μαχαίρι

vilyuška
πιρούνι

roj
κουτάλι

čajeski roj
κουταλάκι του τσαγιού

salfetka
πετσέτα φαγητού

tahtai
ποτήρι

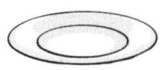

čaro
πιάτο

čaro čorbake
πιάτο σούπας

hor čaro
πιατάκι φλιτζανιού

sosi
σάλτσα

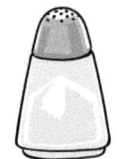

londesko čaroro
αλατιέρα

kale biberesko pišlo
μύλος για πιπέρι

šut
ξύδι

zejtini
λάδι

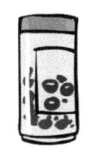

začinia
μπαχαρικά

kečap
κέτσαπ

senf
μουστάρδα

majonezi
μαγιονέζα

supermarket

σούπερ μάρκετ

specialno oferta
προσφορά
FOR
mušteriya
πελάτης
thudeske butya
γαλακτοκομικά προϊόντα
emiši
φρούτα
vordonoro
καρότσι για ψώνια

BUTCHERS

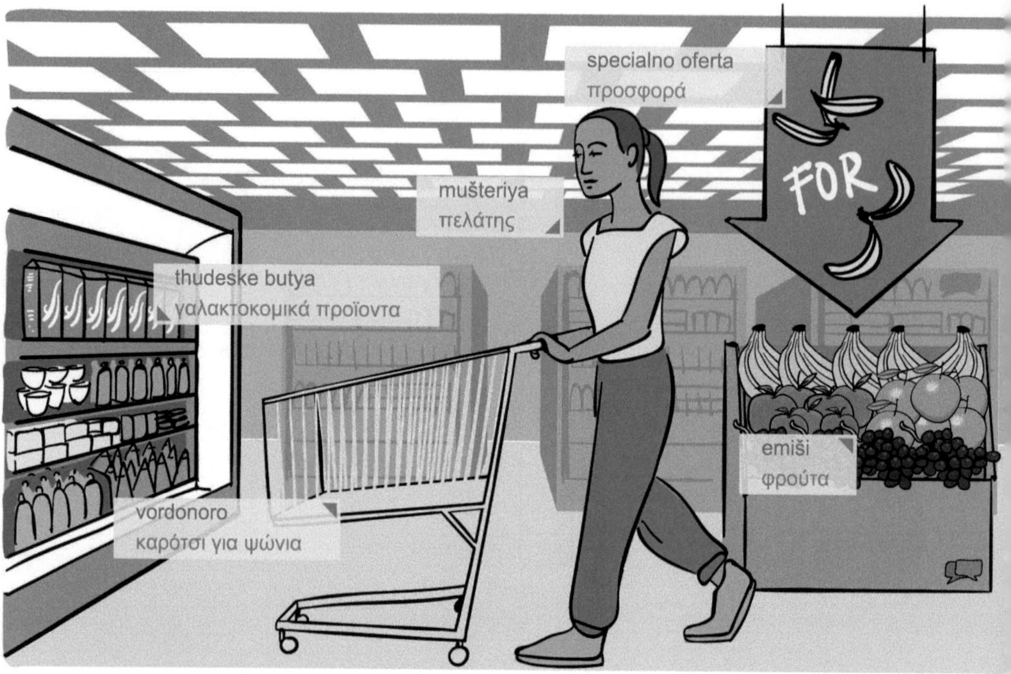

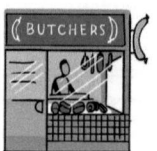

kasapi

κρεοπωλείο

BAKERY

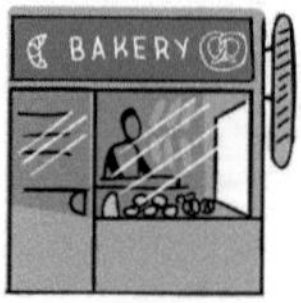

furuna

φούρνος

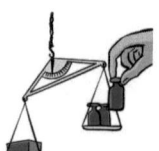

ladavipe

ζυγίζω

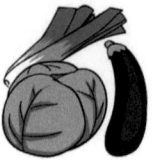

zarzavati

λαχανικά

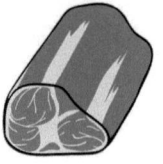

masesko rolati

κρέας

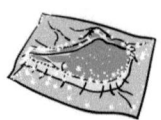

pahome habe

κατεψυγμένα τρόφιμα

šudro mas
αλλαντικά

konzerva
κονσερβοποιημένη τροφή

thovimasko prašako
απορρυπαντικό ρούχων

gudlimata
γλυκά

khereske butya
οικιακά είδη

užarimaske butya
καθαριστικά προϊόντα

bikinutno
πωλήτρια

kasapi
ταμείο

kasieri
ταμίας

kinimaski patrin
λίστα για ψώνια

putarimaske satura
ωράριο λειτουργίας

lovengi tašna
πορτοφόλι

kreditno kartica
πιστωτική κάρτα

gono
τσάντα

plastikano gono
πλαστική σακούλα

pani

νερό

džus

χυμός

thud

γάλα

kola

κόκα κόλα

mol

κρασί

bira

μπίρα

alkohol

αλκοόλ

kakao

κακάο

čaj

τσάι

kafa

καφές

espresso

εσπρέσο

cappuccino

καπουτσίνο

banana

μπανάνα

phabaj

μήλο

portokali

πορτοκάλι

kavuni

πεπόνι

limoni

λεμόνι

karota

καρότο

sir

σκόρδο

bambusi

μπαμπού

purum

κρεμμύδι

gaba

μανιτάρι

akhora

ξηροί καρποί

humereske butya

νουντλς

špageti

μακαρόνια

rezo

ρύζι

salata

σαλάτα

čipsi

πατατάκια

peke kompiria

τηγανητές πατάτες

pica

πίτσα

hamburger

χάμπουργκερ

sendviči

σάντουιτς

kotleti

κοτολέτα

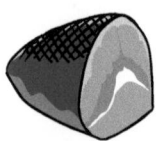

žamboni

ζαμπόν

salama

σαλάμι

goja

λουκάνικο

khajnako mas

κοτόπουλο

peko

ψητό

mačho

ψάρι

habe - φαγητό

popara

χυλός βρώμης

musli

μούσλι

kornfleks

κορν φλέικς

varo

αλεύρι

kroasani

κρουασάν

masesko rolati

ψωμάκι

maro

ψωμί

tosti

τοστ

biskotia

μπισκότα

puteri

βούτυρο

urda

τυρόπηγμα

torta

κέικ

jaro

αυγό

peke jare

τηγανητό αυγό

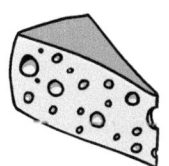

kiral

τυρί

habe - φαγητό

šudro gudlo

παγωτό

šekeri

ζάχαρη

avgin

μέλι

džem

μαρμελάδα

čokoladaki krema

άλλειμμα σοκολάτας

kari

κάρυ

farma
αγρόκτημα

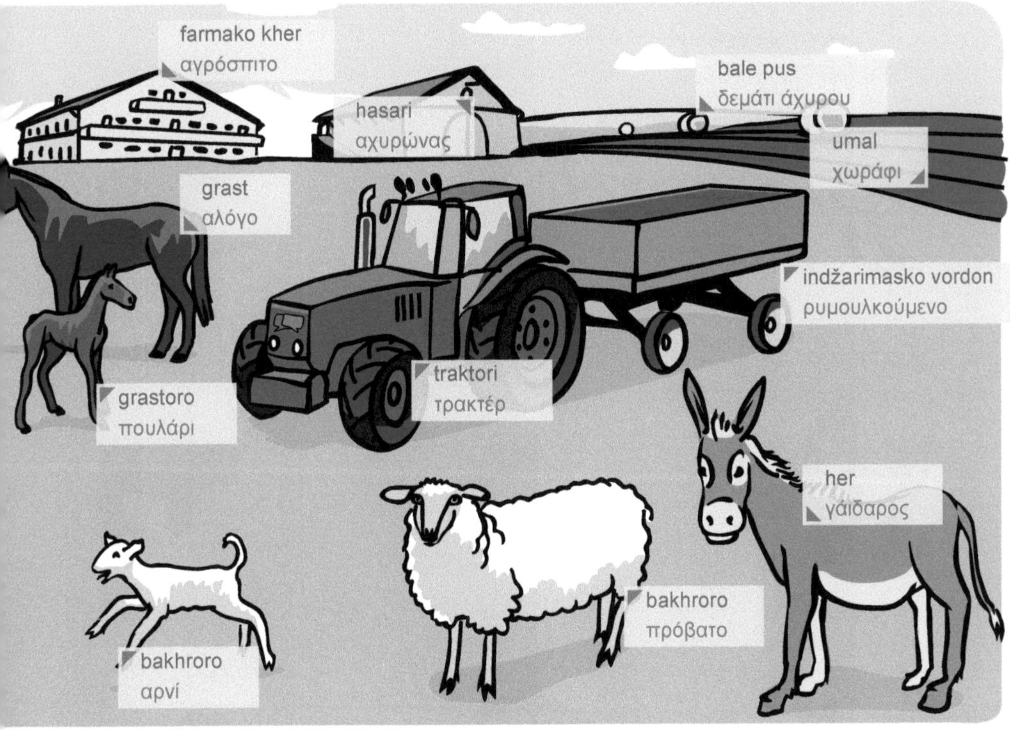

farmako kher
αγρόσπιτο
hasari
αχυρώνας
bale pus
δεμάτι άχυρου
umal
χωράφι
grast
αλόγο
indžarimasko vordon
ρυμουλκούμενο
traktori
τρακτέρ
grastoro
πουλάρι
her
γάιδαρος
bakhroro
πρόβατο
bakhroro
αρνί

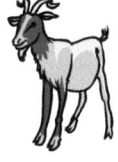

buzno

κατσίκα

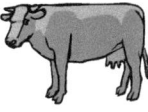

guruvni

αγελάδα

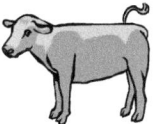

guruvoro

μοσχαράκι

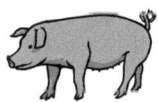

balo

γουρούνι

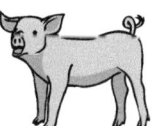

baloro

γουρουνάκι

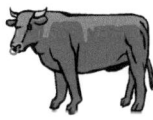

guruv

ταύρος

papin

χήνα

payka

πάπια

pilička

κοτοπουλάκι

khayni

κότα

bašno

κόκορας

baro germuso

αρουραίος

bilika

γάτα

germuso

ποντίκι

guruv

βόδι

džukel

σκύλος

džukelesko kher

σπιτάκι σκύλου

žardina

λάστιχο κήπου

panyarimaski kanta

ποτιστήρι

aindžako kidimasko alati

θεριστήρι

plugo

αλέτρι

srpo

δρεπάνι

motika

τσάπα

aindžaki vilyuška

δίκρανο

tover

τσεκούρι

vordonoro phiravutno

χειράμαξα

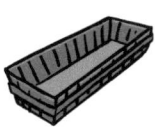

balani

ταΐστρα

thudeski šiša

δοχείο γάλακτος

harari

σάκος

trujalutni

φράχτης

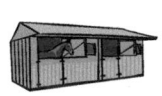

jahri

στάβλος

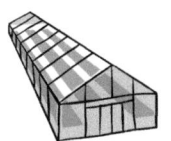

haryalo kher

θερμοκήπιο

phuv

έδαφος

seme

σπόρος

gyubre

λίπασμα

aindžako kidipe

θεριζοαλωνιστική μηχανή

farma - αγρόκτημα

kidibe aindž

θερίζω

harmani

συγκομιδή

phuvaki phabaj

γιαμς

giv

σιτάρι

soja

σόγια

kompiri

πατάτα

mumuruzi

καλαμπόκι

šarlagani

κράμβη

emišengo kašt

οπωροφόρο δέντρο

Kasava

μανιόκα

giveskere javinlukoja

δημητριακά

kher
σπίτι

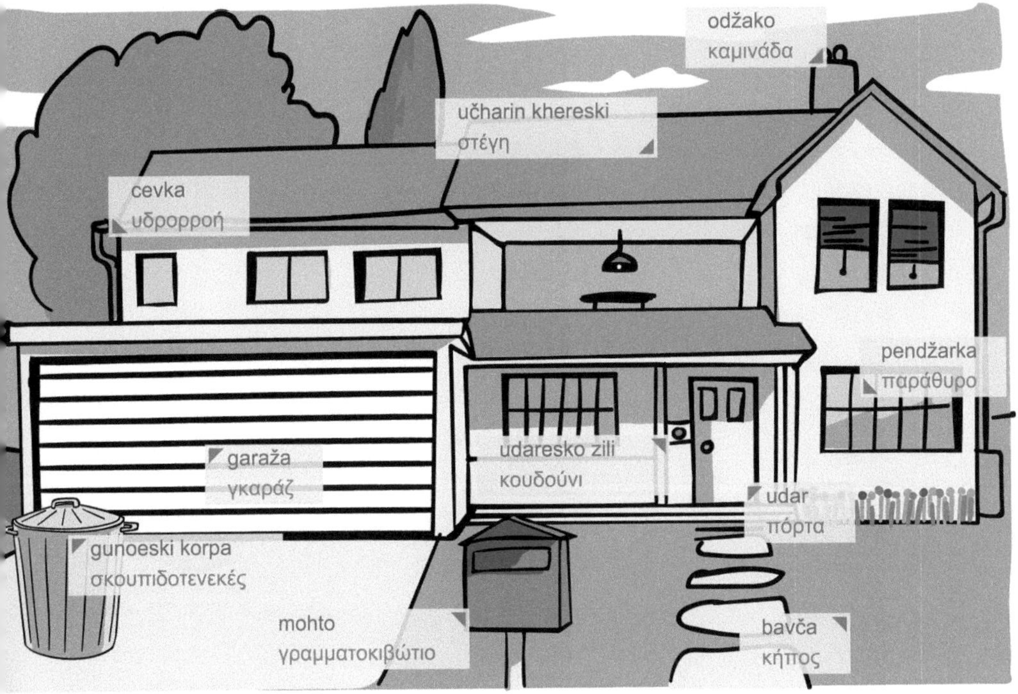
odžako
καμινάδα
učharin khereski
στέγη
cevka
υδρορροή
pendžarka
παράθυρο
garaža
γκαράζ
udaresko zili
κουδούνι
udar
πόρτα
gunoeski korpa
σκουπιδοτενεκές
mohto
γραμματοκιβώτιο
bavča
κήπος

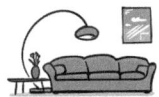

bešimaski kamara

σαλόνι

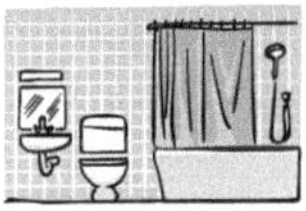

banya

μπάνιο

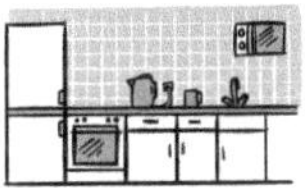

kujna

κουζίνα

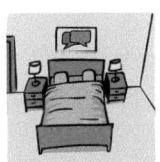

sovimasko than

υπνοδωμάτιο

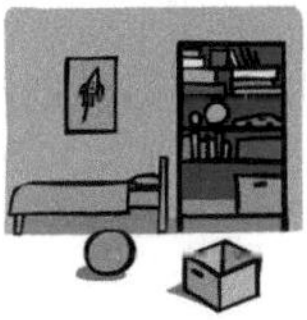

čhavengi kamara

παιδικό δωμάτιο

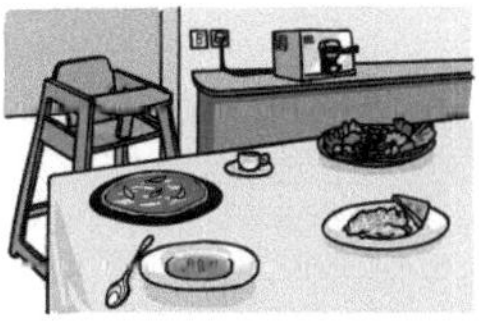

than hajbaske rakjako habe

τραπεζαρία

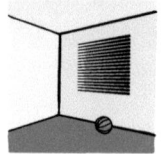

kati
πάτωμα

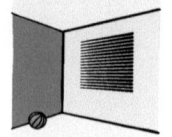

duvari
τοίχος

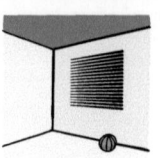

tavano
οροφή

špajzi
κελάρι

sauna
σάουνα

terasa
μπαλκόνι

terasa
βεράντα

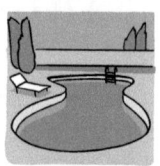

bazeni
πισίνα

čar harnyarimaski makina
μηχανή του γκαζόν

patrin
σεντόνι

čaršafia
κάλυμμα κρεβατιού

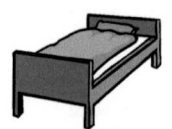

kreveto
κρεβάτι

šulavni
σκούπα

korpa
κουβάς

elektrikani phabarin
διακόπτης

bešimaski kamara

σαλόνι

tapeta
ταπετσαρία
tasviri
φωτογραφία
lamba
λάμπα
rafti
ράφι
ormari
ντουλάπι
televiziya
τηλεόραση
jagako than
τζάκι
luludi
λουλούδι
šerand
μαξιλάρι
sofa
καναπές
vazna
βάζο
durutni komanda
τηλεκοντρόλ

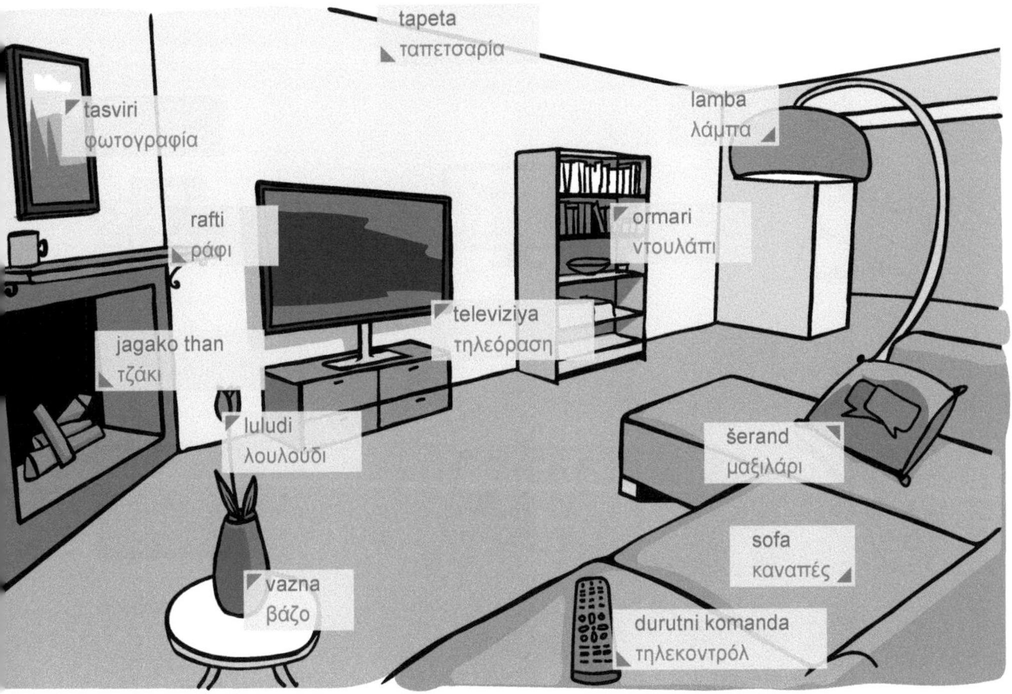

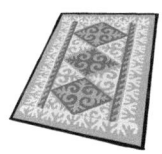

kilimi

χαλί

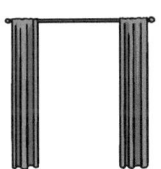

perde

κουρτίνα

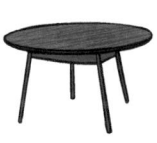

masa

τραπέζι

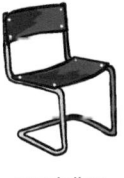

sandaliya

καρέκλα

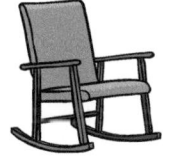

kunajka sandaliya

κουνιστή πολυθρόνα

fotelya

πολυθρόνα

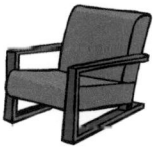

lil

βιβλίο

kebe

κουβέρτα

dekoraciya

διακόσμηση

kašta phabarimaske

καυσόξυλα

filmi

ταινία

stereo ašunimaske butya

στερεοφωνικό σύστημα

nahtari

κλειδί

gazeta

εφημερίδα

frčaja bojakeribe

πίνακας ζωγραφικής

posteri

αφίσα

radio

ραδιόφωνο

hramovimasko bloko

σημειωματάριο

elektrikani šulavni

ηλεκτρική σκούπα

kaktusi

κάκτος

momoli

κερί

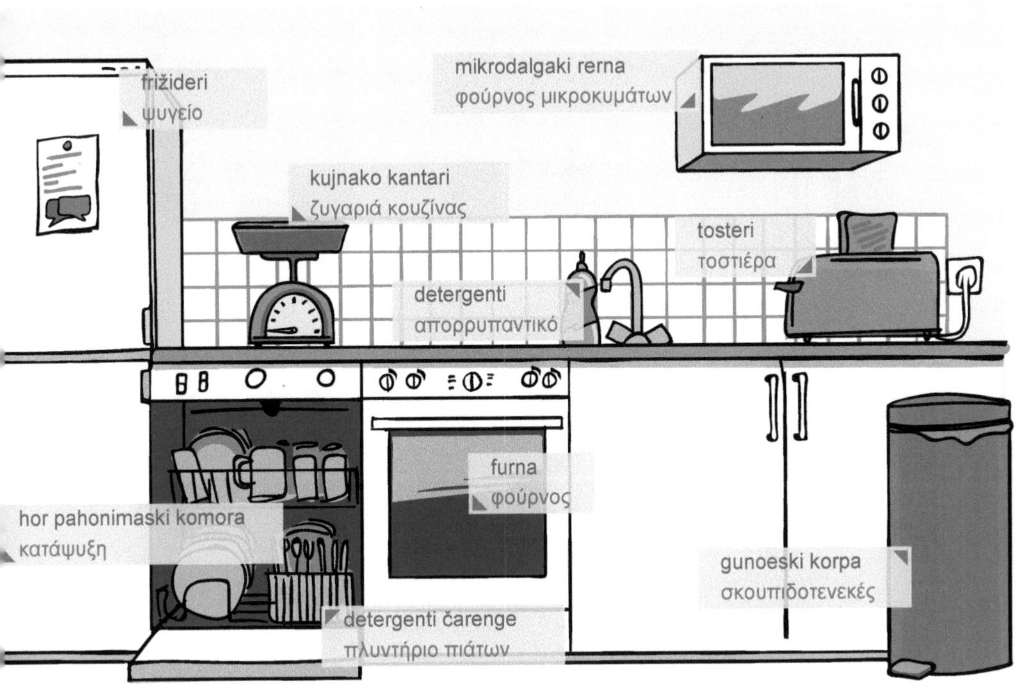

frižideri
ψυγείο

mikrodalgaki rerna
φούρνος μικροκυμάτων

kujnako kantari
ζυγαριά κουζίνας

tosteri
τοστιέρα

detergenti
απορρυπαντικό

hor pahonimaski komora
κατάψυξη

furna
φούρνος

gunoeski korpa
σκουπιδοτενεκές

detergenti čarenge
πλυντήριο πιάτων

keravimasko than

κουζίνα

čaro

κατσαρόλα

sastrnali tendžera

μαντεμένια κατσαρόλα

vok cihani

γουόκ/καντάι

tava

τηγάνι

elektrikano bokali

βραστήρας

tendžera ki para

ατμομάγειρας

tepsija

ταψί

čare

πιατικά

bareder fildžano

κούπα

čaro

μπολ

kinakere habaskere kaštore

ξυλάκια

fioka

κουτάλα

špatula

σπάτουλα

vastesko mikseri

ανακατεύω

cedimasko čaro

σουρωτήρι

porizen

σουρωτηράκι

rende

τρίφτης

avano

γουδί

skara

ψησταριά

puteribe jag

ανοιχτή φωτιά

čhinimaski tabla

σανίδα κοπής

oklagia

πλάστης

puterimasko alati

ανοιχτήρι φελλών

konzerva

κονσέρβα

konzervako puterutno

ανοιχτήρι κονσέρβας

čaresko ikerutno

γάντι φούρνου

lavabo

νεροχύτης

frča

βούρτσα

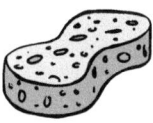

sungeri

σφουγγάρι

mikseri

μπλέντερ

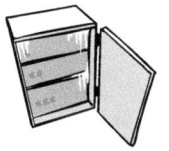

hor pahonimasko frižideri

καταψύκτης

bebeski šiša

μπιμπερό

češma

βρύση

banya

μπάνιο

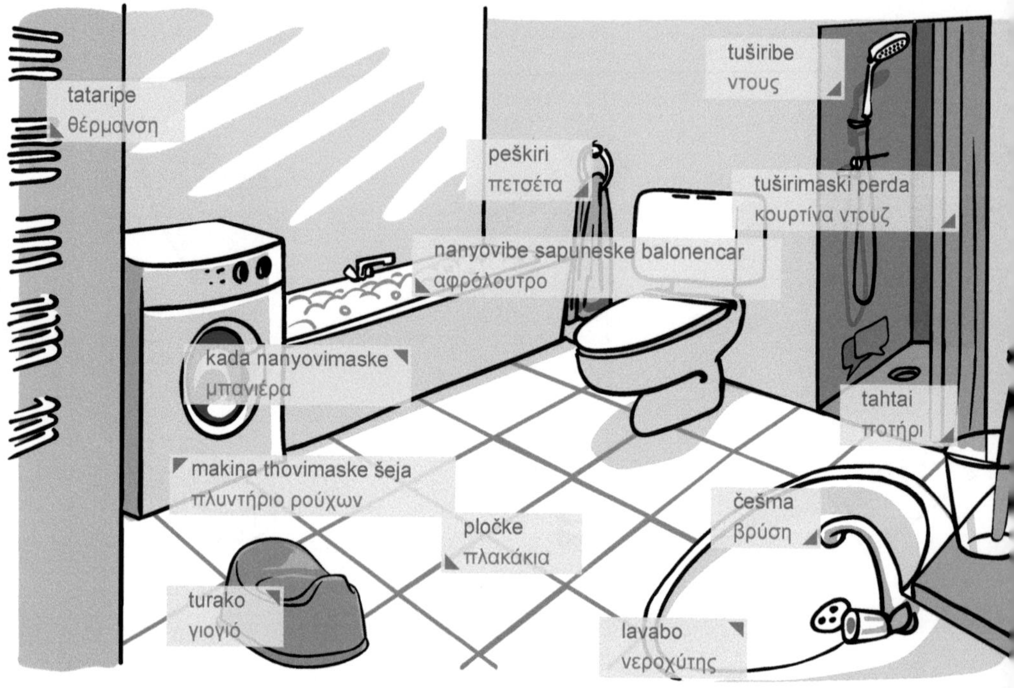
tataripe
θέρμανση
peškiri
πετσέτα
tuširibe
ντους
tuširimaski perda
κουρτίνα ντουζ
nanyovibe sapuneske balonencar
αφρόλουτρο
kada nanyovimaske
μπανιέρα
tahtai
ποτήρι
makina thovimaske šeja
πλυντήριο ρούχων
češma
βρύση
pločke
πλακάκια
turako
γιογιό
lavabo
νεροχύτης

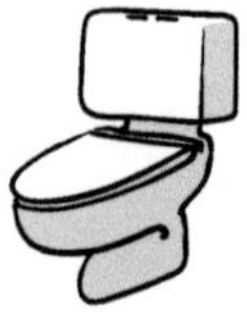

toaleti

τουαλέτα

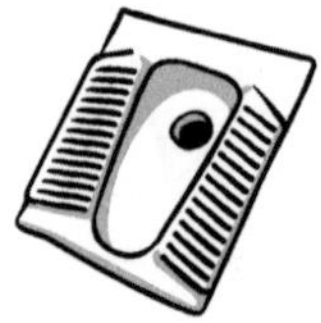

toaleti bešimasa ko pundre

τούρκικη τουαλέτα

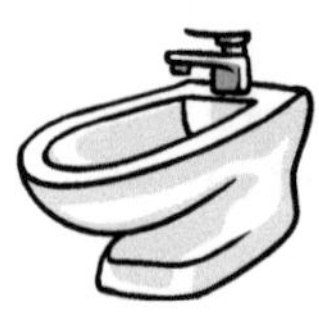

bide

μπιντές

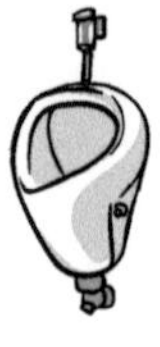

pisoari

ουρητήριο

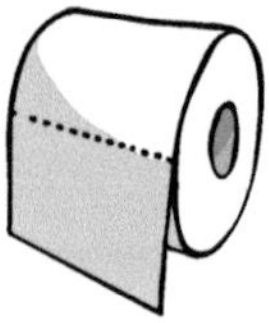

toaletesko lil

χαρτί υγείας

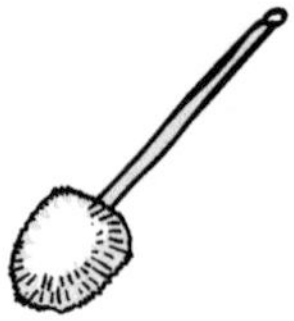

frča toaleteske

πιγκάλ

danda thovimaski frča

οδοντόβουρτσα

danda thovimaski krema

οδοντόκρεμα

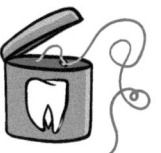

dandesko thav

οδοντικό νήμα

thovibe danda

πλένω

vasteskoro tuši

τηλέφωνο ντους

tuši

ντουσιέρα

lavabo

λεκάνη

dumeski frča

βούρτσα πλάτης

sapuni

σαπούνι

tuširimasko geli

αφρόλουτρο

šamponi

σαμπουάν

flanela

φανέλα

kada ćidimaske pani

σιφόνι

krema

κρέμα

dozodoransi

αποσμητικό

ajna

καθρέφτης

vasteski ajna

καθρέφτης χειρός

žileti moravimaske

ξυραφάκι

moravimaski pena

αφρός ξυρίσματος

palal muravimaski krema

αφτερσέιβ

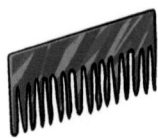

kanglik

χτένα

frča

βούρτσα

feni balenge

σεσουάρ

sprej balenge

λακ

šminka

μακιγιάζ

karmini

κραγιόν

oja najenge

βερνίκι νυχιών

pamuko pošom

βαμβάκι

kata najenge

ψαλίδι νυχιών

parfemi

άρωμα

gono thovimaske

νεσεσέρ

sandaliya

σκαμπό

tereziya

ζυγαριά

bademantili

μπουρνούζι

gumena kalcunya

ελαστικά γάντια

tamponi

ταμπόν

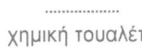

toaletno lil

πετσέτα υγιεινής

hemikano toaleti

χημική τουαλέτα

čhavengi kamara
παιδικό δωμάτιο

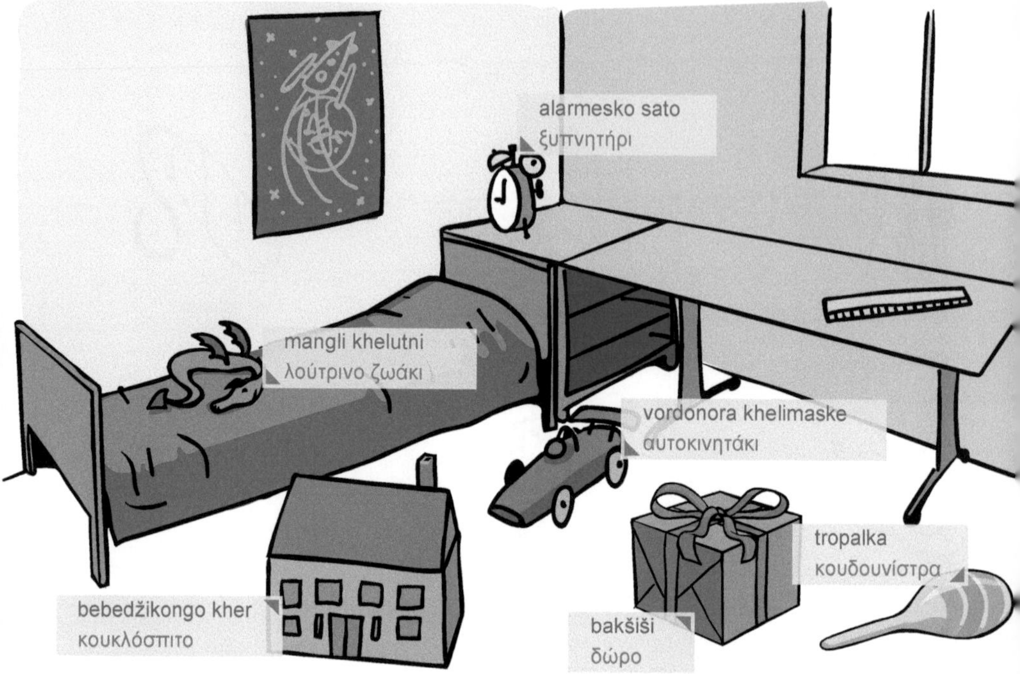

alarmesko sato
ξυπνητήρι
mangli khelutni
λούτρινο ζωάκι
vordonora khelimaske
αυτοκινητάκι
tropalka
κουδουνίστρα
bebedžikongo kher
κουκλόσπιτο
bakšiši
δώρο

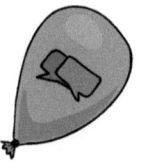

baloni

μπαλόνι

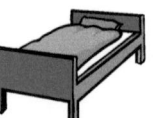

kreveto

κρεβάτι

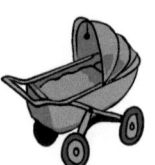

bebengo vordon

καροτσάκι

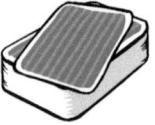

špili karte

τράπουλα

ker-rumin khelin

παζλ

SUPER
MEGA

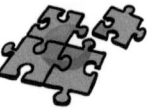

komikano lil

κόμικς

lego kocke

τουβλάκια lego

kocke khelimaske

τουβλάκια κατασκευών

akciaki figura

φιγούρα δράσης

bodi bebeske

βρεφικό φορμάκι

frizbi

φρίσμπι

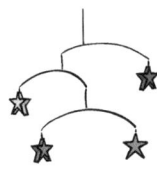

mobile

μόμπιλο

masa khelimaske

επιτραπέζιο παιχνίδι

zari

ζάρια

pampuri khelimaske

σετ τρενάκι

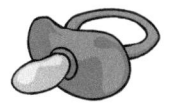

cucla

πιπίλα

bahlana

πάρτι

tasvirengo lil

εικονογραφημένο βιβλίο

topka

μπάλα

bebedžlko

κούκλα

khelibe

παίζω

pošikako than

σκάμμα με άμμο

kuna

κούνια

khelimaske butya

παιχνίδια

konzola video khelimaske

κονσόλα βιντεοπαιχνιδιών

triciklo

τρίκυκλο

poftaneski ričini

αρκουδάκι

garderoba

ντουλάπα

kalcunya

κάλτσες

khuvde kalcunya

καλτσοδέτες

hulahopke

καλσόν

momija
κασκόλ

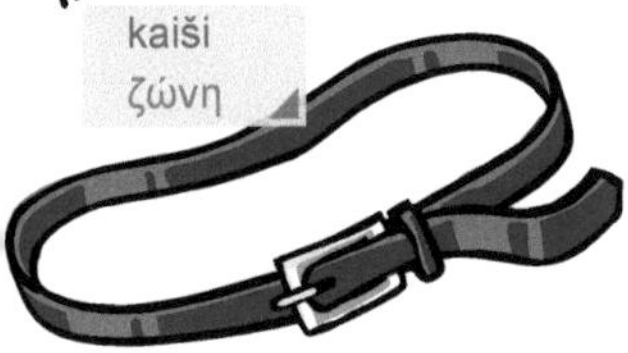

kaiši
ζώνη

čadori
ομπρέλα

maica
μπλουζάκι

čizme
μπότες

papuče
παντόφλες

trenerke
αθλητικά παπούτσια

sandale
σανδάλια

menije
παπούτσια

gumena čizme
γαλότσες

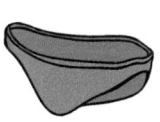

sostenya
εσώρουχο

eleko
σουτιέν

jeleko
φανέλα

bodi

σώμα

pantalonya

παντελόνι

farmerke

τζιν παντελόνι

suknya

φούστα

bluza

μπλούζα

gat

πουκάμισο

puloveri

πουλόβερ

dukseri

πουλόβερ

harno kaputi

σακάκι

džeketi

μπουφάν

kaputi

παλτό

biršimdesko mantili

αδιάβροχο πανωφόρι

kostimi

κοστούμι

fustano

φόρεμα

prandinako fustano

νυφικό

kostumi

κοστούμι

rakjako fustano

νυχτικό

pižame

πιτζάμες

sari

σάρι

momija šereske

μαντήλι

turbani

τουρμπάνι

burka

μπούρκα

kaftani

καφτάνι

abaya

μουσουλμανικό ένδυμα

nangyovimaske šeja

ολόσωμο μαγιό

buxle pantolonya

ανδρικό μαγιό

harne pantolonya

σορτς

sporteske trenerke

αθλητική φόρμα

kecelya

ποδιά

vasteske kalounya

γάντια

kopča
κουμπί

gjuzlukya
γυαλιά

belegziya
βραχιόλι

mirikle
περιδέραιο

angrustik
δαχτυλίδι

čeni
σκουλαρίκι

stadik
καπέλο

kaputeski čiviya
κρεμάστρα

stadik
καπέλο

kravata
γραβάτα

patenti
φερμουάρ

kaciga
κράνος

dandenge proteze
τιράντες

školaki uniforma
μαθητική στολή

uniforma
στολή

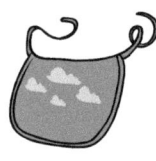

ligarka

σαλιάρα

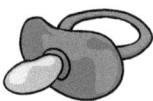

cucla

πιπίλα

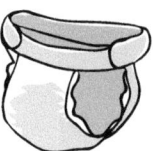

pherno

πάνα

ofiso
γραφείο

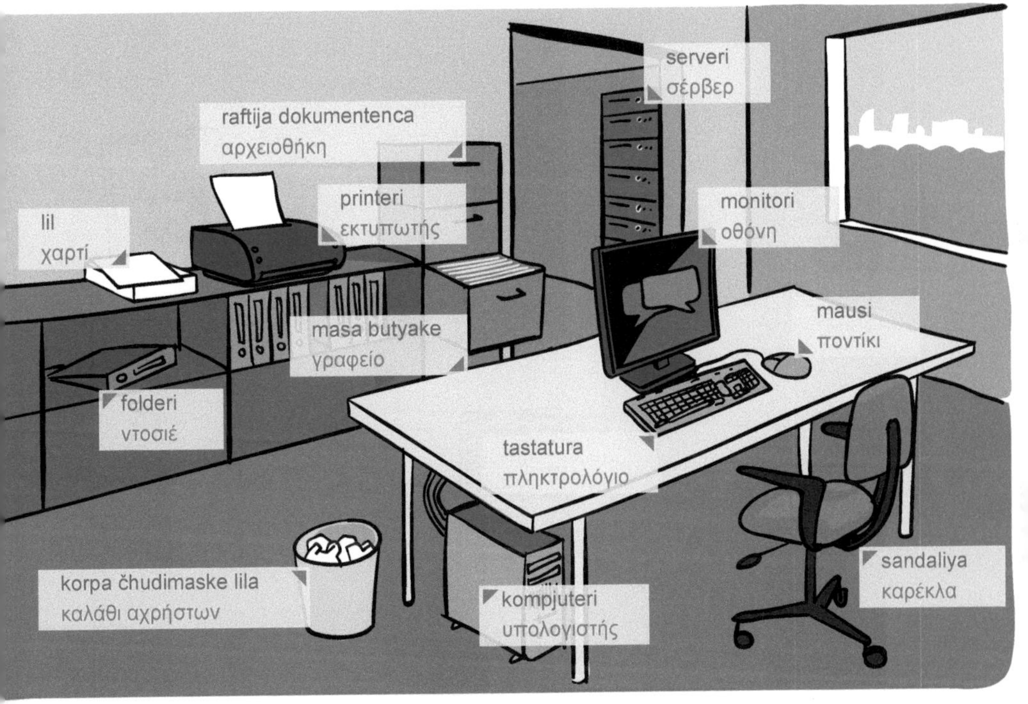
serveri
σέρβερ
raftija dokumentenca
αρχειοθήκη
printeri
εκτυπωτής
monitori
οθόνη
lil
χαρτί
mausi
ποντίκι
masa butyake
γραφείο
folderi
ντοσιέ
tastatura
πληκτρολόγιο
sandaliya
καρέκλα
korpa čhudimaske lila
καλάθι αχρήστων
kompjuteri
υπολογιστής

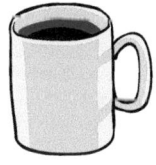

fildžano kafake

κούπα του καφέ

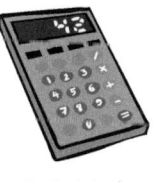

kalkulatori

κομπιουτεράκι

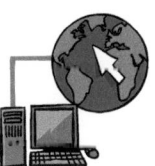

internet

ίντερνετ

laptop
λάπτοπ

lil
γράμμα

mesaži
μήνυμα

mobilno telefono
κινητό

netvorko
δίκτυο

kopirimaski makina
φωτοτυπικό μηχάνημα

softveri
λογισμικό

telefono
τηλέφωνο

štekeri
πρίζα

faks makina
συσκευή φαξ

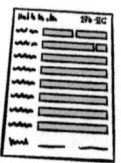

formulari
έντυπο

dokumento
έγγραφο

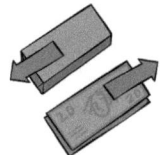

kinibe

αγοράζω

pokinibe

πληρώνω

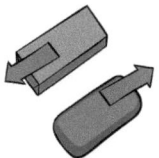

kino-bikinibe

συναλλάσσομαι

love

χρήματα

dolari

δολάριο

euro

ευρώ

jeni

γιεν

rublya

ρούβλι

švajcariako franko

ελβετικό φράγκο

renminbi juan

ρενμίνμπι γιουάν

rupija

ρουπία

lovengo automati

ATM (αυτόματη ταμειακή μηχανή)

biro baši devize

ανταλλακτήρια
συναλλάγματος

somnakaj

χρυσός

rup

ασήμι

petroli

πετρέλαιο

energia

ενέργεια

fiyati

τιμή

kontrakto

συμβόλαιο

taksa

φόρος

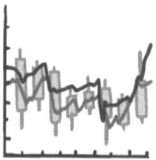

berzaki akcija

μετοχή

butikeribe

δουλεύω

butyarno

υπάλληλος

butyako dendutno

εργοδότης

fabrika

εργοστάσιο

dukyano

κατάστημα

profesie
επαγγέλματα

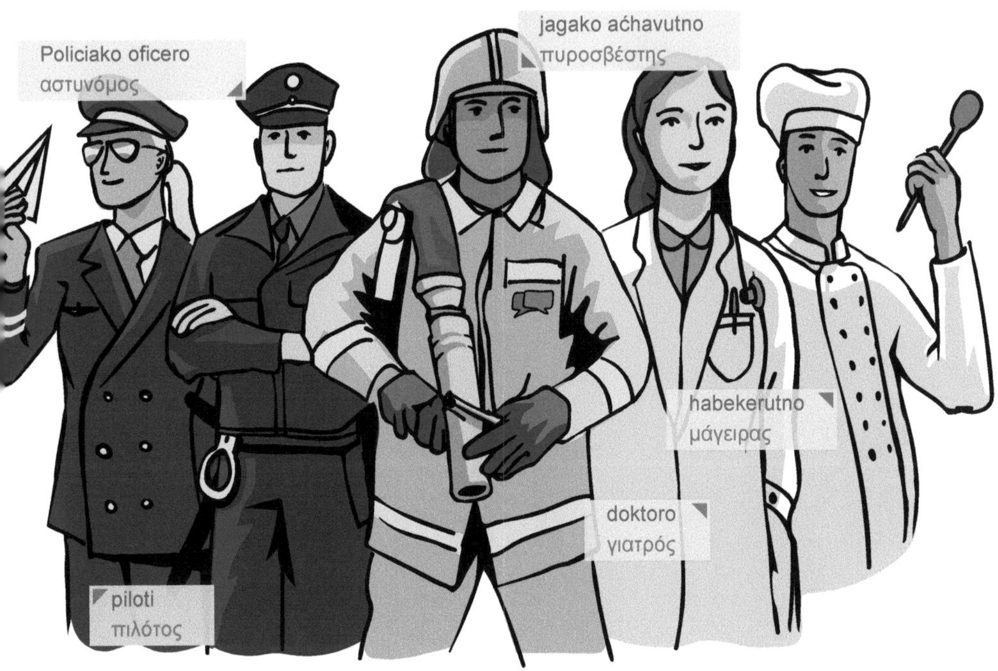

Policiako oficero
αστυνόμος
jagako aćhavutno
πυροσβέστης
habekerutno
μάγειρας
doktoro
γιατρός
piloti
πιλότος

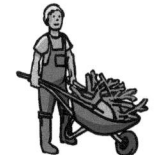

bavčako butyarno
κηπουρός

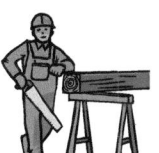

tišleri
ξυλουργός

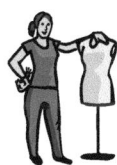

šnajderka
μοδίστρα

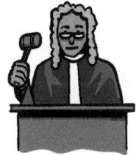

krisuno
δικαστής

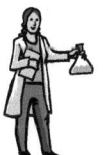

hemičari
χημικός

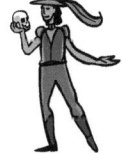

akteri
ηθοποιός

autobusesko šoferi

οδηγός λεωφορείου

taksisti

ταξιτζής

mačhengo astarutno

ψαράς

užarutni

καθαρίστρια

učharinengo kerutno

τεχνίτης στεγών

kelneri

σερβιτόρος

avdžija

κυνηγός

tasvirkerutno

ζωγράφος

furnadžia

αρτοποιός

elektrikako phirno

ηλεκτρολόγος

tamirutno

οικοδόμος

inžinjeri

μηχανολόγος

kasapi

κρεοπώλης

panjesko butyarno

υδραυλικός

poštari

ταχυδρόμος

profesie - επαγγέλματα

askeri

στρατιώτης

arhitekto

αρχιτέκτονας

kasieri

ταμίας

luludyari

ανθοπώλης

frizeri

κομμωτής

kondukteri

ελεγκτής εισιτηρίων

mekanisti

μηχανικός

kapetani

καπετάνιος

dandengo saslyarno

οδοντίατρος

vigjanalo manuš

επιστήμονας

rabini

ραβίνος

imami

ιμάμης

rašaj

μοναχός

rašaj

ιερέας

alatia
εργαλεία

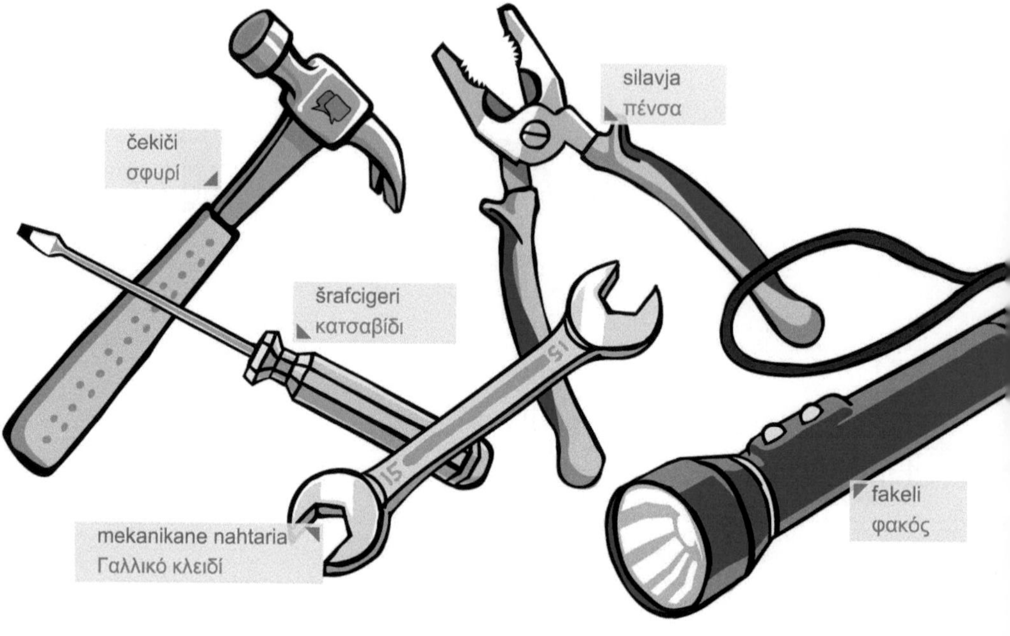
silavja
πένσα
čekiči
σφυρί
šrafcigeri
κατσαβίδι
fakeli
φακός
mekanikane nahtaria
Γαλλικό κλειδί

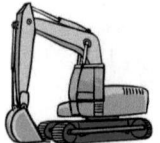

hrandimasko alati
εκσκαφέας

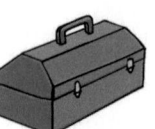

alateski kutia
εργαλειοθήκη

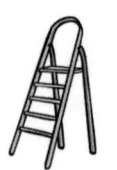

merdeveni
σκάλα

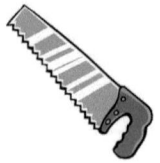

pila
πριόνι

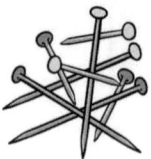

karfa
καρφιά

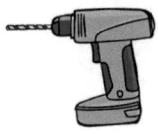

posavin
τρυπάνι

lačharkeribe

επισκευάζω

lopata

φτυάρι

Naleti!

Να πάρει!

vatrali

φαράσι

lonco bojimaske

δοχείο χρωμάτων

šrafja

βίδες

muzikane instrumentia
μουσικά όργανα

bare avazesko šunutno
μεγάφωνο

davulenge butya
ντραμς

gitara
κιθάρα

duplo bas
κοντραμπάσο

truba
τρομπέτα

piano
πιάνο

kemana
βιολί

bas
μπάσο

timpani
τύμπανα

davulia
τύμπανο

sintisajzeri
πλήκτρα

saksafoni
σαξόφωνο

flejta
φλάουτο

mikrofoni
μικρόφωνο

tigari
τίγρης

kafezi
κλουβί

khuvin
είσοδος

zebra nakhimaski
ζέβρα

hajvanengo parvaripe
ζωοτροφή

panda
πάντα

hajvania

ζώα

elefanti

ελέφαντας

kenguri

καγκουρό

rino

ρινόκερος

gorila

γορίλας

ričini

αρκούδα

kamila

καμήλα

ostriga

στρουθοκάμηλος

aslani

λιοντάρι

majmuni

πίθηκος

flamingo

φλαμίνγκο

papagali

παπαγάλος

polarno ričini

πολική αρκούδα

pingvini

πιγκουίνος

ajkula

καρχαρίας

pauno

παγώνι

sap

φίδι

krokodilo

κροκόδειλος

zoo arakhutno

φύλακας ζωολογικού κήπου

foka

φώκια

jaguari

τζάγκουαρ

zoo - ζωολογικός κήπος

poni
πόνυ

leopardi
λεοπάρδαλη

hipo
ιπποπόταμος

žirafa
καμηλοπάρδαλη

zorale kandžengi paškin
αετός

bali
αγριογούρουνο

mačho
ψάρι

želka
χελώνα

morži
θαλάσσιος ίππος

lumri
αλεπού

gazela
γαζέλα

Amerikako fudbali
Αμερικάνικο ποδόσφαιρο

biciklizmo
ποδηλασία

tenis
αντισφαίριση

basketboli
μπάσκετ

nangjovibe
κολύμβηση

boksi
πυγχαμία

hokej ko paho
χόκεϋ επί πάγου

fudbali

ποδόσφαιρο

badminton

μπάντμιντον

atletika

στίβος

vasteskoboli

χάντμπολ

skiibe

σκι

polo

πόλο

asaibe
γελάω

hutibe
πηδάω

deibe angali
αγκαλιάζω

phiribe
περπατάω

giljavibe
τραγουδάω

dikhibe suno
ονειρεύομαι

azirikeribe
προσεύχομαι

čumibe
φιλάω

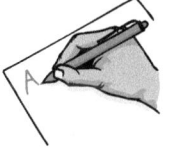

hramovibe

γράφω

čitribe

σχεδιάζω

sikavibe

δείχνω

cidljaribe

πιέζω

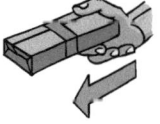

deibe

δίνω

leibe

παίρνω

isibe

έχω

keribe

κάνω

te ovel

είμαι

tergyovibe

στέκομαι

prastaibe

τρέχω

cidibe

τραβάω

čhudibe

ρίχνω

peribe

πέφτω

hovavibe

ξαπλώνω

adžikeribe

περιμένω

phiravibe

κουβαλώ

bešibe

κάθομαι

urjavibe

φοράω

sovibe

κοιμάμαι

džangavibe

ξυπνάω

dikhibe ko

κοιτάω

rovibe

κλαίω

čalavibe

χαΐδεύω

uhlavibr

χτενίζω

vakeribe

μιλάω

haljovibe

καταλαβαίνω

puč

ρωτάω

šunibe

ακούω

piibe

πίνω

habe

τρώω

užaribe

συγυρίζω

kamibe

αγαπάω

keribe habe

μαγειρεύω

paldibe vordon

οδηγώ

urjalibe

πετάω

aktivitetia - δραστηριότητες

vaporea džaibe

κάνω ιστιοπλοΐα

kalkulirin

υπολογίζω

drabaribe

διαβάζω

sikljovibe

μαθαίνω

butikeribe

δουλεύω

prandibe

παντρεύομαι

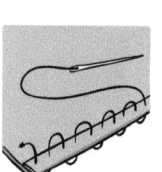

suvibe

ράβω

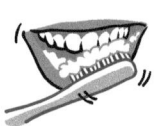

thovibe danda

βουρτσίζω τα δόντια

mudaribe

σκοτώνω

piibe dahani

καπνίζω

bičhalibe

στέλνω

mami
γιαγιά

papu
παππούς

dat
πατέρας

daj
μητέρα

bebe
μωρό

čhaj
κόρη

čhavo
γιος

misafiri
καλεσμένος

bibi
θεία

kako
θείος

phral
αδελφός

phen
αδελφή

trupo

σώμα

čekat
μέτωπο
jakh
μάτι
piko
ώμος
naj
δάχτυλο
muj
πρόσωπο
vilica
πιγούνι
vast
χέρι
pundro
πόδι
čuči
στήθος
musik
βραχίονας

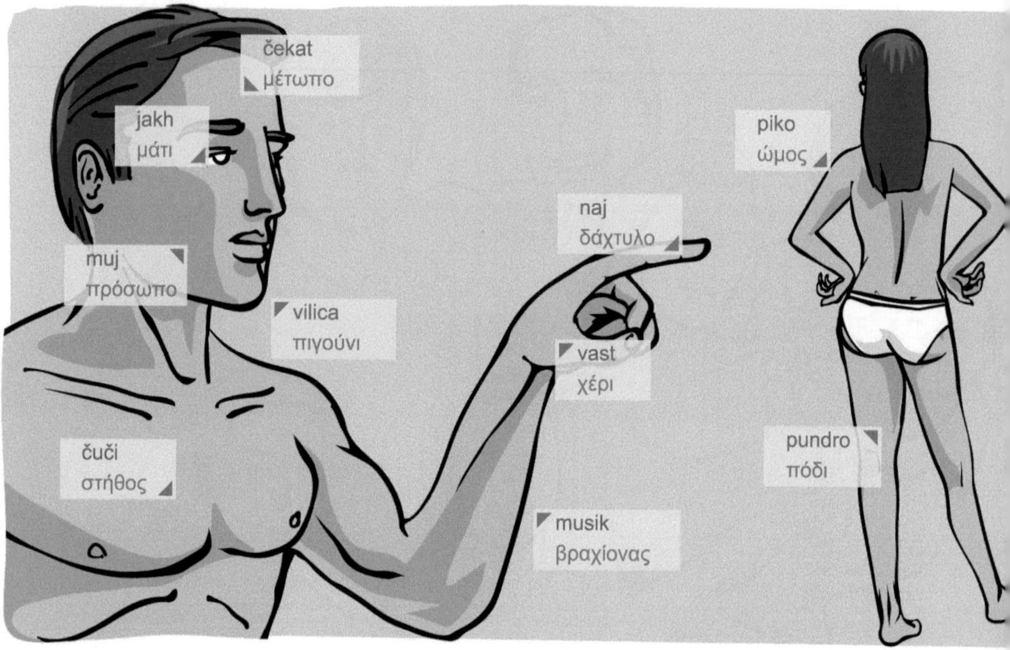

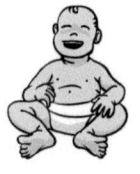

bebe

μωρό

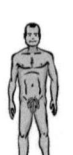

murš

άνδρας

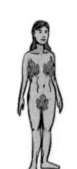

džuvli

γυναίκα

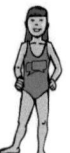

čhaj

κορίτσι

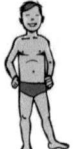

ćhavo

αγόρι

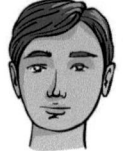

šero

κεφάλι

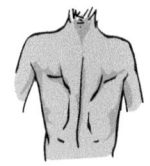

dumo
πλάτη

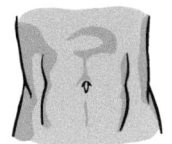

maškar
κοιλιά

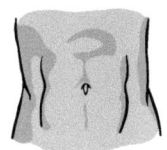

pupko
αφαλός

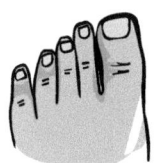

pundrenge naja
δάχτυλο ποδιού

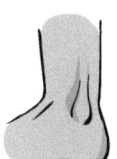

patum
φτέρνα

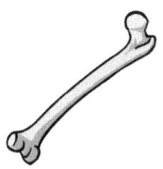

kokalo
κόκκαλο

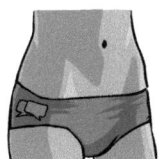

kuko
γοφός

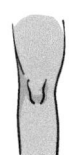

koč
γόνατο

lahci
αγκώνας

nakh
μύτη

bul
γλουτός

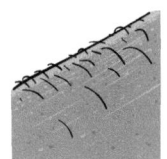

mortik
δέρμα

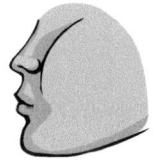

čham
μάγουλο

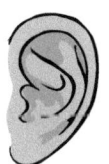

kan
αυτί

vuš
χείλος

muj

στόμα

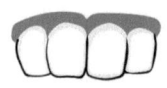

danda

δόντι

ćhib

γλώσσα

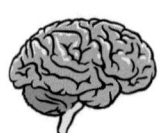

godi

εγκέφαλος

vilo

καρδιά

muskulo

μυς

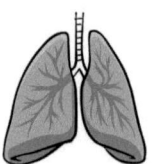

kolin

πνεύμονας

buko

συκώτι

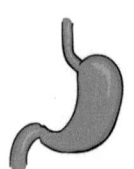

vogi

στομάχι

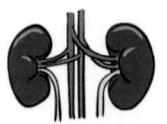

bubrekora

νεφρά

seks

σεξουαλική επαφή

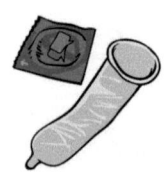

kondomi

προφυλακτικό

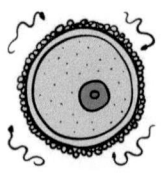

yarengi kletka

ωάριο

sperma

σπέρμα

khamnipe

εγκυμοσύνη

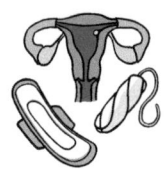

menstruaciya

περίοδος

vagina

γυναικείος κόλπος

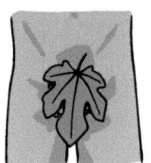

penis

πέος

phov

φρύδι

bala

μαλλιά

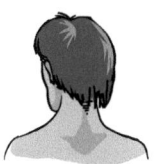

men

λαιμός

hospitalo
νοσοκομείο

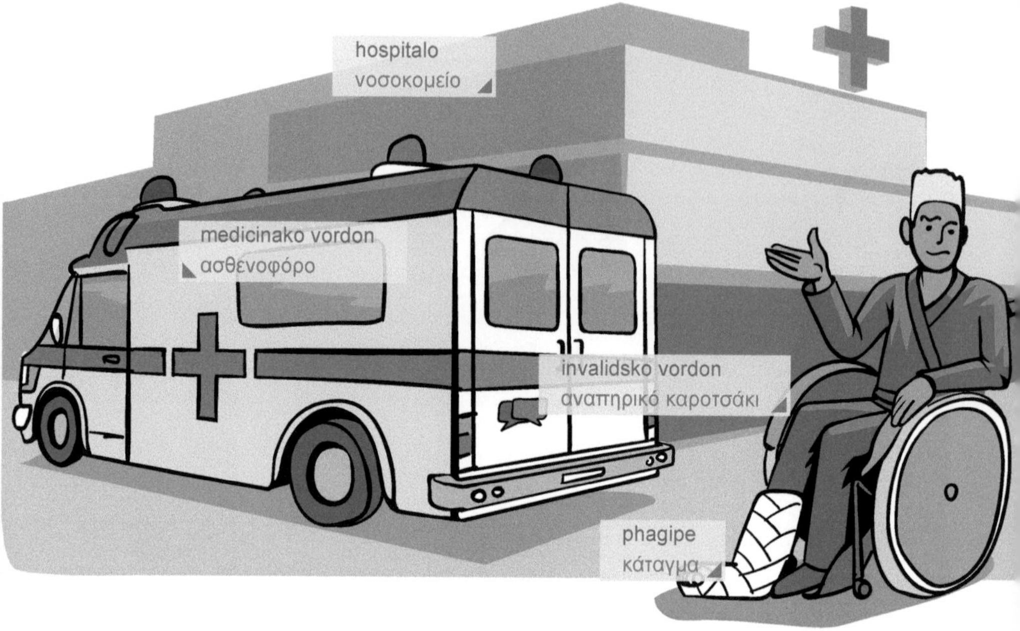

hospitalo
νοσοκομείο
medicinako vordon
ασθενοφόρο
invalidsko vordon
αναπηρικό καροτσάκι
phagipe
κάταγμα

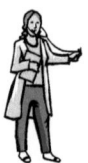

doktoro

γιατρός

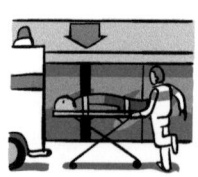

sigyarimaski kamara

μονάδα εντατικής θεραπείας

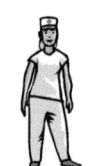

medicinaki phen

νοσοκόμα

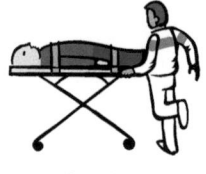

sigyaripen

έκτακτη ανάγκη

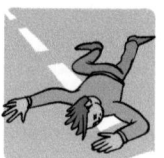

ki koma

λιπόθυμος

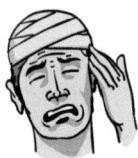

dukh

πόνος

dukhavipen

τραύμα

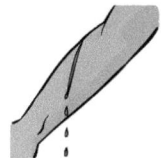

ratvaripe

αιμορραγία

infrakto

έμφραγμα

šlog

εγκεφαλικό

alergiya

αλλεργία

khuinibe

βήχας

tinanipe

πυρετός

gripa

γρίπη

diyarea

διάρροια

šereski dukh

πονοκέφαλος

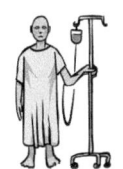

kanceri

καρκίνος

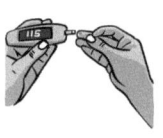

diyabetes

διαβήτης

operaciya

χειρουργός

skalperi

νυστέρι

operaciya

εγχείρηση

CT

αξονική τομογραφία

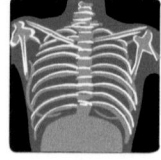

rentgen

ακτινογραφία

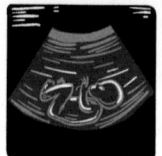

ultra avazo

υπέρηχος

mujeski maska

μάσκα

nasvalipe

ασθένεια

adžukyarimasko than

αίθουσα αναμονής

paterica

πατερίτσα

flastero

χάνσαπλαστ

phandimaski gaza

επίδεσμος

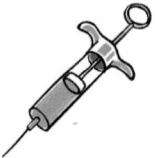

inyekciya

ένεση

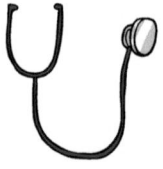

stetoskopo

στηθοσκόπιο

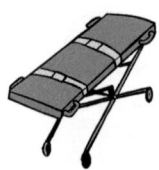

tregero

φορείο

klinicko termometro

θερμόμετρο

biyanipe

γέννηση

baro thulipe

υπέρβαρο

hospitalo - νοσοκομείο

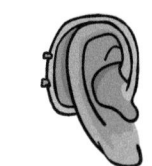

ašunimasko aparato

ακουστικό βαρηκοΐας

dezinfekciako

αντισηπτικό

infekciya

λοίμωξη

viruso

ιός

HIV / SIDA

HIV/AIDS

medicina

φάρμακο

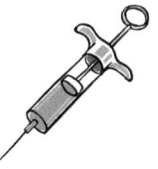

vakcinaciya

εμβολιασμός

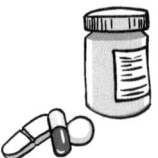

tabletura

δισκία

hapi

χάπι

sigyarimasko akharipe

κλήση έκτακτης ανάγκης

monitori vaš učo pretisak

πιεσόμετρο αίματος

nasvalo / sasto

άρρωστος / υγιής

Mažutisar!	alarmo	atako
Βοήθεια!	συναγερμός	βιαιοπραγία

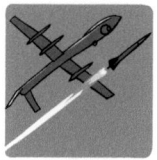		
atako	dar buti	sigyarimasko iklyovipen
επίθεση	κίνδυνος	έξοδος κινδύνου

Bari jag!	mamuj jagako aparati	bibax
Φωτιά!	πυροσβεστήρας	ατύχημα

butya avgo ažutimaske	SOS	Policia
κουτί πρώτων βοηθειών	SOS	αστυνομία

Evropa

Ευρώπη

Utarali Amerika

Βόρεια Αμερική

Purabali Amerika

Νότια Αμερική

Afrika

Αφρική

Azija

Ασία

Australia

Αυστραλία

Atlantiko

Ατλαντικός Ωκεανός

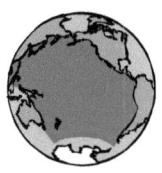

Pacifiko

Ειρηνικός Ωκεανός

Indiako Okeano

Ινδικός Ωκεανός

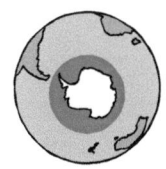

Antarktikosko Okeano

Ανταρκτικός Ωκεανός

Arktikosko Okeano

Λρκτικός Ωκεανός

Utaralo poli

Βόρειος Πόλος

Purabalo poli

Νότιος Πόλος

Antarktiko

Ανταρκτική

phuv

Γη

phuv

γη

samudra

θάλασσα

džaziri

νησί

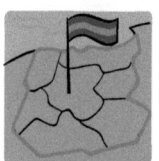

nacija

έθνος

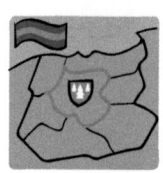

raštra

πολιτεία

saatosko gendo

καντράν ρολογιού

saatoski sikavni

ωροδείκτης

dakikongi sikavni

λεπτοδείκτης

kundarno saatoski sikavin

δείκτης δευτερολέπτων

Kozom si o saato?

Τι ώρα είναι;

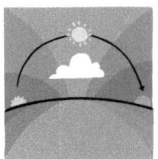

dive

ημέρα

vrama

χρόνος

akana

τώρα

digitalno saato

ψηφιακό ρολόι

dakika

λεπτό

časo

ώρα

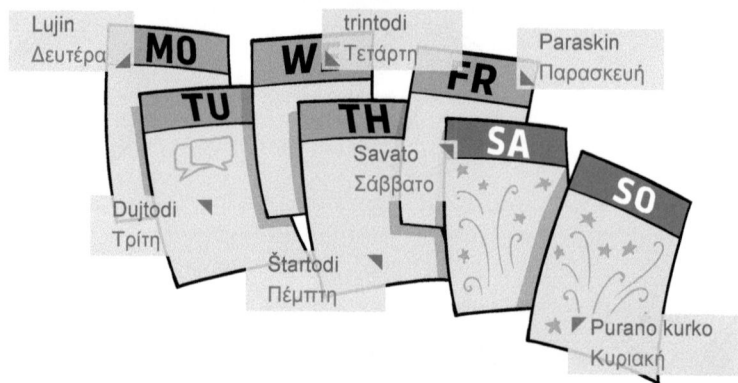

Lujin
Δευτέρα

trintodi
Τετάρτη

Paraskin
Παρασκευή

Savato
Σάββατο

Dujtodi
Τρίτη

Štartodi
Πέμπτη

Purano kurko
Κυριακή

erati
χθες

avdive
σήμερα

tajsa
αύριο

javin
πρωί

ekvaš dive
μεσημέρι

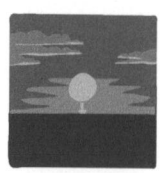

blevel
βράδυ

MO	TU	WE	TH	FR	SA	SU
1	2	3	4	5	6	7
8	9	10	11	12	13	14
15	16	17	18	19	20	21
22	23	24	25	26	27	28
29	30	31	1	2	3	4

butyarne divesa
εργάσιμες ημέρες

MO	TU	WE	TH	FR	SA	SU
1	2	3	4	5	6	7
8	9	10	11	12	13	14
15	16	17	18	19	20	21
22	23	24	25	26	27	28
29	30	31	1	2	3	4

vikend
Σαββατοκύριακο

berš
έτος

biršim
βροχή
renkali badalin
ουράνιο τόξο
iv
χιόνι
bavlal
άνεμος
anglonilaj
άνοιξη
palonilaj
φθινόπωρο
nilaj
καλοκαίρι
ivend
χειμώνας

4.APRIL 11°
5.APRIL 4°
6.APRIL 13°
7.APRIL 8°
8.APRIL 10°

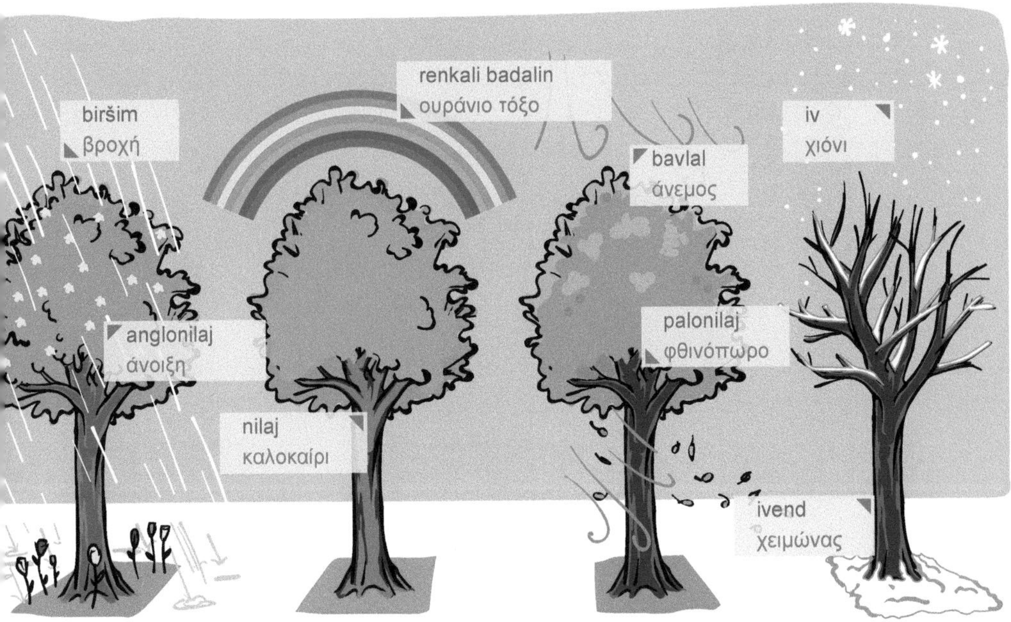

vramakoro vakeribe

πρόγνωση καιρού

F C
120 90 60 30 0 -30
40 30 20 10 0 -10 -20

termometro

θερμόμετρο

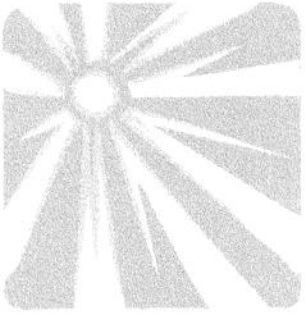

khamalo

λιακάδα

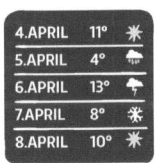

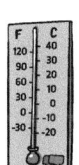

badal

σύννεφο

muhi

ομίχλη

nemlime hava

υγρασια

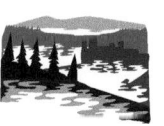

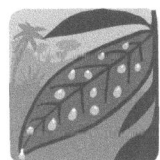

šemšekoja

αστραπή

šemšekosko čalavibe

κεραυνός

bura

καταιγίδα

kijameti

χαλάζι

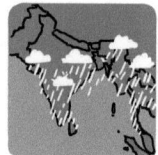

monsuni

μουσώνας

baro pani

πλημμύρα

paho

πάγος

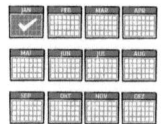

Januaro

Ιανουάριος

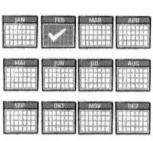

Februaro

Φεβρουάριος

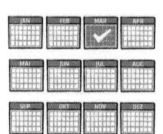

Marto

Μάρτιος

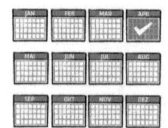

Aprilo

Απρίλιος

Majo

Μάιος

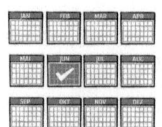

Juno

Ιούνιος

Julo

Ιούλιος

Augusto

Αύγουστος

berš - έτος

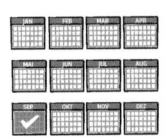

Septembro

Σεπτέμβριος

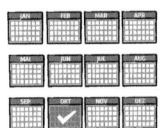

Oktombro

Οκτώβριος

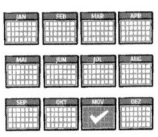

Novembro

Νοέμβριος

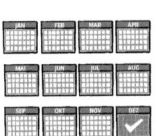

Dekembro

Δεκέμβριος

rota

κύκλος

kvadrati

τετράγωνο

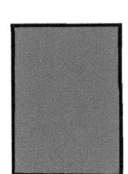

rektanglo

ορθογώνιο
παραλληλόγραμμο

trianglo

τρίγωνο

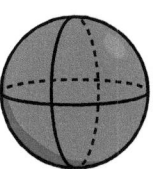

sfera

σφαίρα

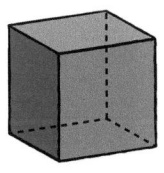

kocka

κύβος

parni
άσπρο

galbeno
κίτρινο

pomarandža
πορτοκαλί

roze
ροζ

loli
κόκκινο

lila
μωβ

vunato
μπλε

harjali
πράσινο

kafeno
καφέ

kuršumlija
γκρι

kali
μαύρο

but / hari

πολύ / λίγο

holjame / mudro

θυμωμένος / ήρεμος

šuži / bišuži

όμορφος / άσχημος

starto / agor

αρχή / τέλος

baro / tikno

μεγάλος / μικρός

puterde bojako / phanle bojako

φωτεινός / σκοτεινός

phral / phen

αδελφός / αδελφή

užo / melalo

καθαρός / λερωμένος

sahno / bisahno

πλήρης / ατελής

dive / rat

ημέρα / νύχτα

mulo / dživdo

νεκρός / ζωντανός

buvlo / tank

φαρδύς / στενός

hala pe / na hala pe

βρώσιμος / μη βρώσιμος

džungalo / šukar

κακός / ευγενικός

bare vogjea / bi vogjea

ενθουσιασμένος /
βαριεστημένος

thulo / kišlo

παχύς / λεπτός

avgo / paluno

πρώτος / τελευταίος

amal / dušmani

φίλος / εχθρός

pherdo / čučo

γεμάτος / άδειος

zoralo / kovlo

σκληρός / μαλακός

pharo / lokho

βαρύς / ελαφρύς

bokh / truš

πείνα / δίψα

nasvalo / sasto

άρρωστος / υγιής

ilegalno / legalno

παράνομος / νόμιμος

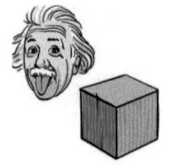

godyaver / bigodyako

έξυπνος / χαζός

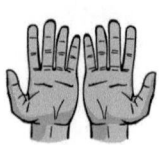

bajan / dahin

αριστερός / δεξιός

paše / dur

κοντινός / μακρινός

nevo / purano

καινούριος /
μεταχειρισμένος

khanči / vareso

τίποτα / κάτι

phuro / terno

γέρος | νέος

phabardo / ačhavdo

αναμμένος / σβηστός

puterdo / phanlo

ανοιχτός / κλειστός

mudro / bare avazeskoro

χαμηλόφωνος /
μεγαλόφωνος

barvalo / čorolo

πλούσιος / φτωχός

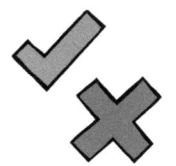

čačutno / došalo

σωστός / λανθασμένος

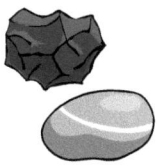

zoralo / kovlo

τραχύς / λείος

mazuni / lošalo

υπημένος / χαρούμενος

skurto / lungo

κοντός / μακρύς

pohari / sigate

αργός / γρήγορος

sapano / šuko

υγρός / στεγνός

tato / šudro

ζεστός / δροσερός

mareba / sansari

πόλεμος / ειρήνη

0	**1**	**2**
zero	jek	duj
μηδέν	ένα	δύο

3	**4**	**5**
trin	štar	panč
τρία	τέσσερα	πέντε

6	**7**	**8**
šov	efta	ohto
έξι	εφτά	οκτώ

9	**10**	**11**
enja	deš	dešujek
εννιά	δέκα	έντεκα

12

dešuduj
....
δώδεκα

13

dešutrin
....
δεκατρία

14

dešuštar
....
δεκατέσσερα

15

dešupanč
....
δεκαπέντε

16

dešušov
....
δεκαέξι

17

dešefta
....
δεκαεφτά

18

dešohto
....
δεκαοκτώ

19

dešenja
....
δεκαεννέα

20

biš
....
είκοσι

100

šel
....
εκατό

1.000

milja
....
χίλια

1.000.000

milioni
....
εκατομμύριο

Anglicko

Αγγλικά

Americko Anglicko

Αμερικάνικα Αγγλικά

Kinesko Mandarinsko

Μανδαρίνικα Κινέζικα

Indisko

Χίντι

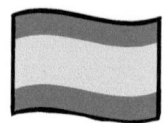

Špansko

Ισπανικά

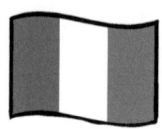

Francusko

Γαλλικά

Arapsko

Αραβικά

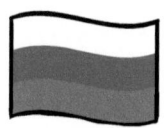

Rusko

Ρώσικα

Portugalsko

Πορτογαλικά

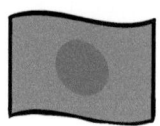

Bengalsko

Μπενγκάλι

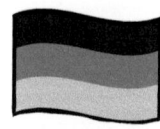

Nemicko

Γερμανικά

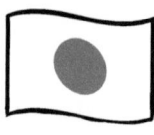

Japansko

Ιαπωνικά

thaj

εγώ

tu

εσύ

ov / oj

αυτός / αυτή / αυτό

amen

εμείς

tumen

εσείς

ola

αυτοί / αυτές / αυτά

ko?

ποιος / ποια / ποιο;

so?

τι;

sar?

πώς;

kote?

πού;

kana?

πότε;

anav

όνομα

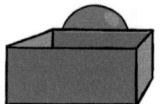

palal

πίσω

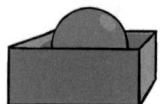

andre

μέσα

anglal o

μπροστά

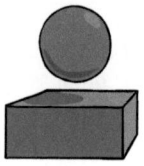

upral

πάνω από

an

πάνω

telal

κάτω

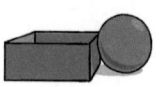

trujal

δίπλα

maškaral

ανάμεσα

than

μέρος